FAUTES

DE

LA GUERRE

CONTRE LA PRUSSE.

ANNÉES 1870-1871.

Fautes jusqu à la Capitulation de Sedan.

Mon but en écrivant ces lignes est, si je puis, de mettre mes compatriotes en garde contre certains systèmes stratégiques. Je ne veux pas qu'elles servent de bases à des accusations contre des personnes qui ont employé leurs connaissances à la délivrance de la patrie, et qui malgré leurs efforts n'ont pu y réussir. J'aime à penser aussi que le public sera indulgent envers ceux de mes jugements qui pourraient heurter les idées aujourd'hui reçues. Cela dit, j'aborde mon sujet

Une des premières fautes a été la précipitation avec laquelle la guerre a été déclarée. Le gouvernement s'est fait illusion sur la force de l'ennemi et sur la puissance de son armement. C'est là à vrai dire la principale cause de nos désastres. Une chose a contribué à l'entretenir dans cette illusion : la gloire de nos armes à d'autres époques. On pourrait ajouter que de là vient qu'on a tant crié à la trahison..... Comment un général, qui se sent vaincu à l'avance, par la supériorité du nombre et par celle de l'armement, pourrait-il animer ses troupes, qui elles-mêmes prévoient une mort presque certaine?..... Il aurait fallu que ce général eût eu un courage surhumain (ce qui n'est donné qu'à un très-petit nombre).

La deuxième faute a été la dissémination de nos forces dans la mer du Nord et ailleurs. Aussi des prodiges de valeur et de tactique n'ont-ils pu nous épargner de sanglantes défaites. Un de nos chefs avait paraît-il senti cette faute, et avait déjà essayé d'y remédier.

La troisième faute serait, si j'en crois certains bruits, la retraite sur Metz, ville qui n'était pas suffisamment approvisionnée pour une armée importante. Que cette opinion soit généralement admise possible. Quant à moi je considère cette retraite comme l'œuvre d'un grand capitaine. Peu importe que Metz fut dépourvue, l'essentiel était de sauver nos troupes d'une destruction totale. Il y avait pour cela deux partis à prendre se réfugier dans une ville forte, ou tenir la campagne en occupant de bonnes positions. Ce dernier parti était peut-être préférable, mais comment oser faire un crime au général en chef de ne l'avoir pas tenté avec une armée démoralisée ?... Je dois ici un hommage à cet homme qui a été tant attaqué, et en le rendant je ne fais que dire la vérité, je le considère comme un de nos généraux ayant le mieux compris la défense. Oui, honneur à lui ! En écrivant ceci je suis convaincu que bon nombre d'hommes bien pensant, et d'hommes de guerre seront de mon avis. S'il en était autrement, j'oserais dire qu'il n'y a pas d'esprits en France connaissant beaucoup l'art militaire. Ceci je l'affirme sans vouloir froisser ceux qui n'auraient pas ces idées. Je pourrais même en convaincre, mais le lecteur comprendra ma réserve en présence de notre ancien ennemi. Je ne dis rien de la bataille de Gravelotte ni des autres combats sous Metz (1). Je me borne à croire que le but que le général en chef cherchait à atteindre dans ces luttes l'eut peut-être été sur d'autres champs de batailles. Cependant je dois à la vérité de dire que c'était très pro-

---

(1) Il serait difficile à un homme compétent de critiquer les opérations de l'armée près de Metz, aussi je ne fais que hasarder une opinion qui me parait préférable.

blématique à cause de la disproportion des forces,
en présence et de l'armement. Je passe des fautes
assez marquantes. L'occupation m'impose silence
à ce sujet. J'arrive à la lutte sous les murs de
Sédan. Tristes souvenirs pour la France.....
Aussi je ne m'y arrêterai pas longtemps. Tou-
tefois la vérité m'oblige encore à soutenir que
ce plan de campagne était des plus habiles eu
égard aux circonstances, que le général prussien
a été forcé de s'y conformer, autrement il eut
risqué de perdre son armée, et que la faute qui
a été cause de sa ruine provient sans nul doute
de ce que l'armée s'appuyait sur une place aussi
peu forte.

Fautes depuis la Capitulation de Sedan.

J'entre dans les murs de Paris. Ce nom ré-
veille dans toute âme française, à l'heure où
j'écris, des pensées doublement pénibles : sa ca-
pitulation devant les armes prussiennes d'une

part, et la terrible guerre contre la commune d'autre part. Paris!.... Paris!.... toi qui devrais être l'ornement et la gloire de la France dis pourquoi l'as-tu affligée par le sang et les ruines après cette désastreuse lutte contre l'étranger?

Je prie le lecteur de me passer ce cri que les grands malheurs de la patrie m'arrachent.

La défense de Paris a été bien dirigée surtout eu égard aux révoltes, aux moyens de défense, et au petit nombre d'hommes aguerris que le général en chef avait dans le principe. On pourrait même assurer sans crainte de se tromper qu'au moment des batailles de Lonjumeau, de Villiers, de Champigny, de Cœuilly et de Buzenval, l'état-major prussien a dû faire des réflexions qui n'étaient pas toutes couleur de roses. Je dois ajouter ici qu'à mon avis Paris est certainement une place très forte, mais sa position et sa population nombreuse seront toujours des obstacles qui l'empêcheront d'être une place de premier ordre. Aussi, je pense que le gouvernement aurait mieux fait de n'y laisser qu'une forte garnison, et d'employer le surplus de ses forces ailleurs. Alors il est probable que les affaires eussent changé de face.

Je passe à l'examen de la défense dans les départements, et je commence par dire que les créations des armées du Nord, du Hâvre, de la Seine-Inférieure, de Cherbourg et de la Loire sont autant de fautes. Cela paraîtra étrange à des esprits superficiels, mais en réalité n'était-ce pas recommencer l'œuvre de la dissémination de nos forces qui avait été en partie cause de nos premiers désastres?

Cela dit, voyons les opérations de chaque armée.

Celles de l'armée du Nord ont été conduites avec talent. Il est fâcheux que le général en chef n'ait pas eu plus de troupes à sa disposition, car alors il aurait sans doute trouvé la clef de Paris dans les environs de Soissons.

Quant à l'armée de la Seine-Inférieure elle aurait pu choisir un meilleur objectif. Le quartier-général prussien lui était naturellement indiqué. Elle eut ainsi contraint l'ennemi à le protéger par de grandes forces contre lesquelles elle aurait lutté sans d'énormes difficultés en se couvrant de la Seine. Elle aurait par ce système résisté à une irruption des soldats prussiens, et probablement ouvert les portes de Paris à l'armée qui la défendait tout en donnant la main à l'armée de la Loire.

Les troupes du Hâvre n'ont pas beaucoup combattu, et celles de Cherbourg sont restées dans l'inaction. On ne saurait approuver de telles manières d'agir. Nous nous sommes ainsi privés de deux armées qui eussent pu rendre de grands services.

La première armée de la Loire a été d'abord bien dirigée, aussi la victoire de Coulmiers a agité le camp prussien, mais il paraît qu'à la fin on lui a donné des ordres tels que pour vaincre il eut fallu imiter Condé devant Fribourg. C'est se heurter à des obstacles souvent invincibles. Cependant les Français arrivent à en surmonter mais c'est très-difficile

La seconde armée de la Loire a été plusieurs fois victorieuse, et ces victoires font d'autant plus d'honneur à son général en chef qu'il avait pour adversaires des généraux habiles. Mais n'aurait-il pas obtenu des succès plus éclatants si, se couvrant du Loir, il avait pris pour objectif la ville de Chartres, et essayé ainsi une jonction avec l'armée de la Seine-Inférieure?

Il est vraisemblable que par ce système il serait parvenu à détruire ou à disperser l'armée contre laquelle il combattait, et qu'après en avoir fini avec elle, il eut ouvert les portes de Paris.

Malgré cela, on ne saurait contester sa capacité, et l'on pourrait affirmer, sans crainte de se tromper, qu'avec des troupes aguerries il aurait, dans la bataille près du Mans, tenu tête aux forces considérables qui ont été détachées de l'armée prussienne devant Paris pour l'accabler.

Dans l'Est il est regrettable que les divers généraux en chef qui y ont commandé n'aient pas pris pour objectif Strasbourg en s'appuyant sur Langres et Épinal ou quelqu'autre point des Vosges, et n'aient pas attaqué à l'arrière-garde et en flanc l'armée prussienne de l'Alsace ; puis une fois cette armée battue ou jetée dans le Rhin, n'aient marché, s'il en eût été encore temps, à la délivrance de Metz, dont les portes une fois ouvertes eussent mis en liberté notre armée de la frontière qui devenue maîtresse de ses mouvements eût forcé l'armée prussienne à ouvrir celles de Paris et à faire la paix. Au lieu d'agir ainsi, et de conduire ces opérations avec vigueur et promptitude, nous sommes allés, la plupart du temps, nous heurter de front avec l'armée ennemie de l'Alsace, et malgré nos victoires, victoires qui dénotent l'habileté de ceux de nos chefs qui les ont remportées, nous n'avons pu réussir qu'à nous réfugier en Suisse par suite de l'arrivée d'une armée de secours qui est venue à marches forcées de Paris se jeter sur notre flanc gauche. J'ajoute qu'un général mieux secondé eut prévenu ce désastre. Aussi, si je ne craignais de passer pour un fataliste, je dirais que la France devait succomber dans cette affreuse lutte, après tant de fautes commises.

Un mot sur le système suivi pour secourir Paris.

Le système stratégique en forme d'étoile a été loin d'être brillant et ne fait pas honneur à son auteur. Il était difficile qu'il réussit. L'ennemi, en occupant à vrai dire le centre, et pouvant dès lors empêcher ou gêner, sans se donner beaucoup de mal, toute jonction de nos troupes, dont chaque armée avait ses opérations isolées. Pour qu'il eut quelque chance de réussite, il aurait fallu plus d'ensemble dans les attaques de nos soldats, dont les mouvements eussent dû être combinés, résultats qu'on ne pouvait facilement atteindre que par leur rapprochement.

Si l'inventeur de ce plan a voulu arriver à assiéger les Prussiens dans leur camp sous les murs de Paris, il faut avouer que cette idée gigantesque et hors de proportion avec les forces dont la France disposait, était condamnée à l'avance.

Je ne veux pas achever ces lignes sans exprimer l'espoir que ma patrie saura profiter de ses humiliations et de ses défaites.

FIN.

Vannes. — Imp. G. de Lamarzelle.